AF187794

Impressum
Verlag: BABADADA GmbH, Nedderfeld 112 , 22529 Hamburg
Geschäftsführer / Verlagsleitung: Harald Hof
Druck: Books on Demand GmbH, In de Tarpen 42, 22848 Norderstedt

Imprint
Publisher: BABADADA GmbH, Nedderfeld 112 , 22529 Hamburg, Germany
Managing Director / Publishing direction: Harald Hof
Print: Books on Demand GmbH, In de Tarpen 42, 22848 Norderstedt, Germany

shkolla

skola

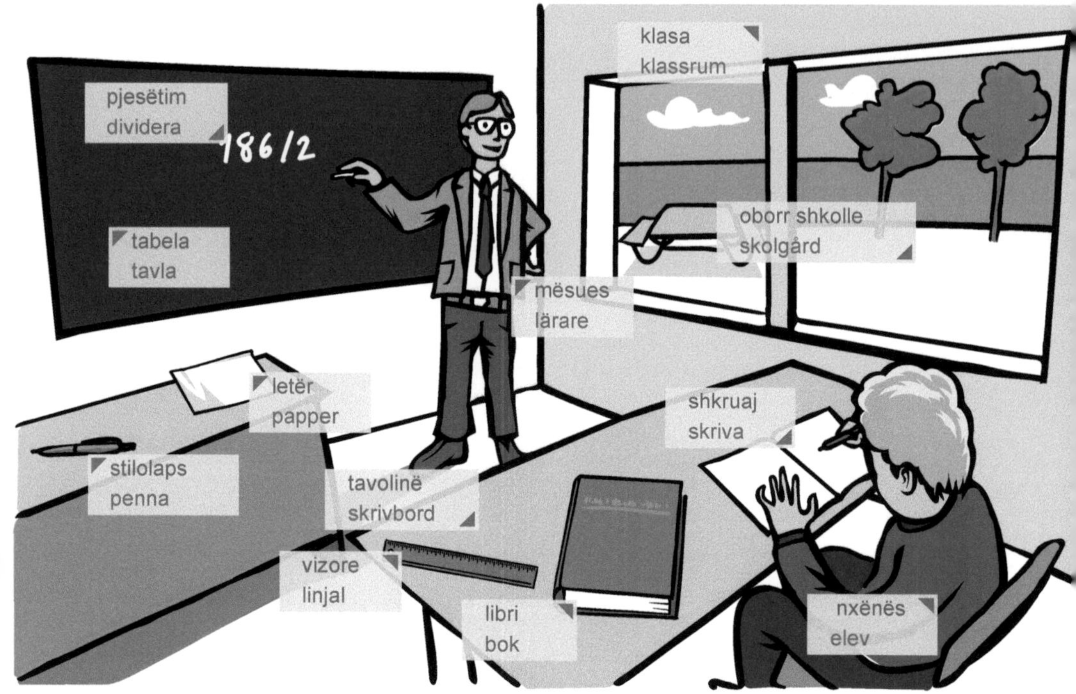
klasa
klassrum
pjesëtim
dividera
186/2
tabela
tavla
oborr shkolle
skolgård
mësues
lärare
letër
papper
shkruaj
skriva
stilolaps
penna
tavolinë
skrivbord
vizore
linjal
libri
bok
nxënës
elev

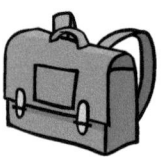

çantë

skolväska

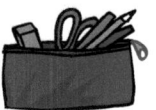

mbajtëse lapsash

pennfodral

laps

blyertspenna

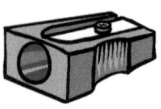

mprehës lapsash

pennvässare

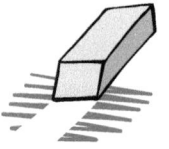

gomë

suddgummi

fletore vizatimi

ritblock

vizatim
teckning

penel
pensel

kuti bojërash
målarlåda

gërshërë
sax

ngjitës
lim

fletore detyrash
övningsbok

detyrë shtëpie
hemläxa

12

numër
tal

2+2

mbledh
addera

5-2

zbres
subtrahera

2×2

shumëzoj
multiplicera

llogaris
räkna

A

gërmë
bokstav

ABCDEFG HIJKLMN OPQRSTU VWXYZ

alfabeti
alfabet

hello

fjalë
ord

tekst

text

lexoj

läsa

shkumës

krita

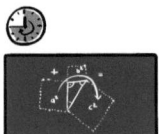

mësim

lektion

regjistër

register

provim

prov

çertifikatë

intyg

uniformë shkolle

skoluniform

arsimim

utbildning

enciklopedia

uppslagsverk

universitet

universitet

mikroskop

mikroskop

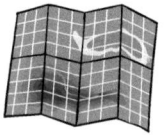

hartë

karta

kosh letrash

papperskorg

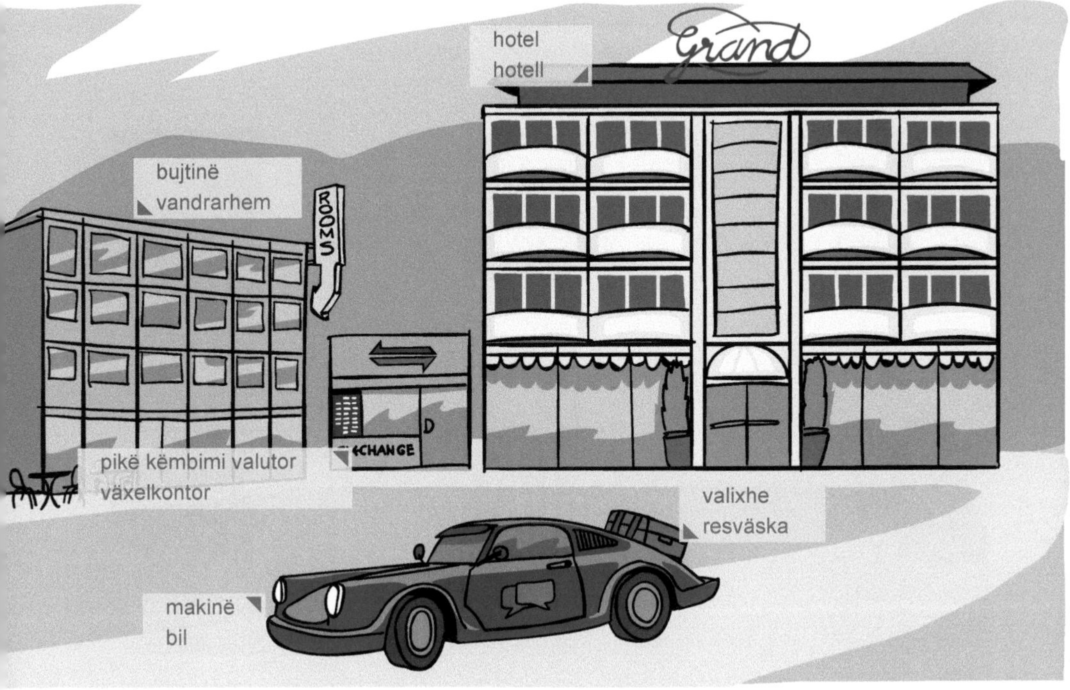

hotel
hotell
Grand
bujtinë
vandrarhem
ROOMS
pikë këmbimi valutor
växelkontor
EXCHANGE
valixhe
resväska
makinë
bil

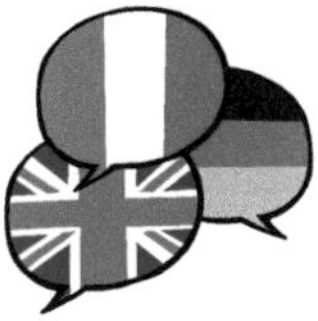

gjuhë

språk

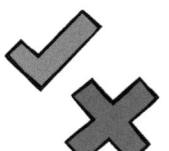

po / jo

ja / nej

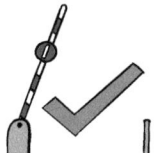

Në rregull

Okay

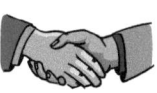

ç'kemi

hej

përkthyes

översättare

Faleminderit

Tack

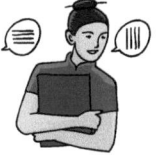

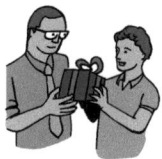

sa kushton…?

hur mycket kostar…?

nuk e kuptoj

jag förstår inte

problem

problem

Mirëmbrëma!

God kväll!

Mirëmëngjes!

God morgon!

Natën e mirë!

God natt!

mirupafshim

hejdå

drejtim

riktning

bagazhet

bagage

çantë

väska

çantë shpine

ryggsäck

mysafir

gäst

dhomë

rum

thes gjumi

sovsäck

tendë

tält

informacion për turistët

turistinformation

plazh

strand

kartë krediti

kreditkort

mëngjes

frukost

drekë

lunch

darkë

middag

Biletë

biljett

ashensor

hiss

pulla

frimärke

kufi

gräns

doganë

tull

ambasadë

ambassad

vizë

visum

pasaportë

pass

transport

transport

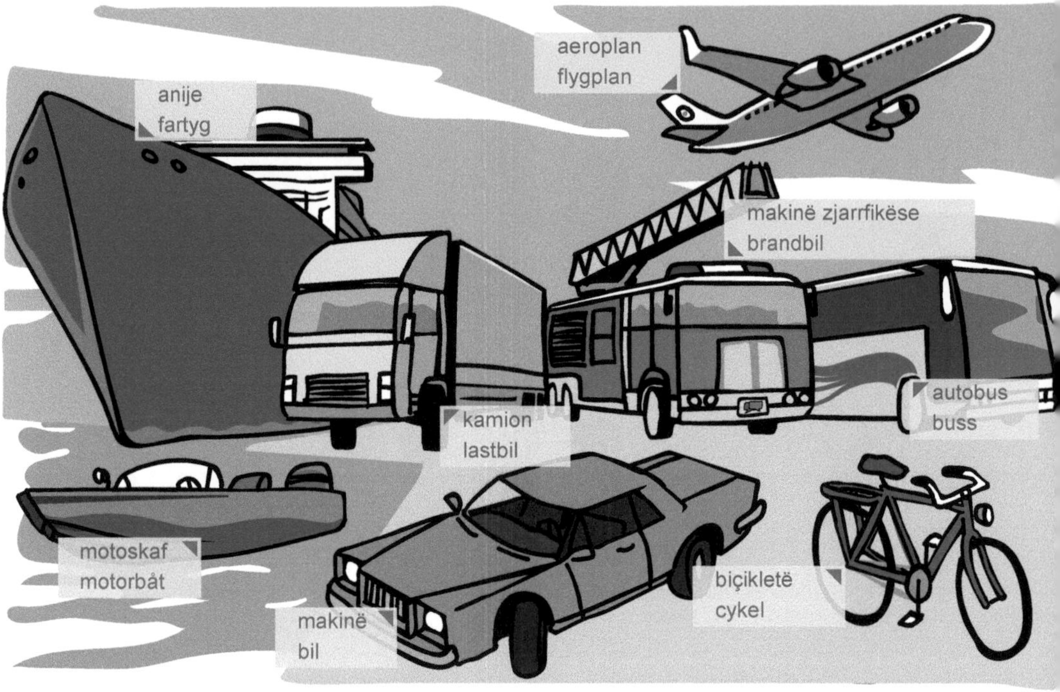

aeroplan
flygplan
anije
fartyg
makinë zjarrfikëse
brandbil
autobus
buss
kamion
lastbil
motoskaf
motorbåt
biçikletë
cykel
makinë
bil

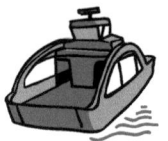

traget

färja

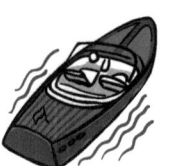

varkë

båt

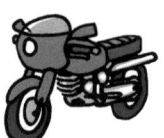

motoçikletë

motorcykel

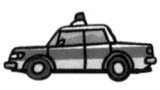

makinë policie

polisbil

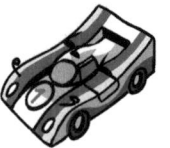

makinë garash

racerbil

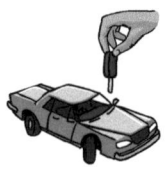

makinë me qira

hyrbil

ndarje e qirasë së makinës

bilpool

karroatrec

bärgningsbil

makinë plehrash

sopbil

motor

motor

benzinë

bränsle

pikë karburanti

bensinstation

sinjalistikë trafiku

vägmärke

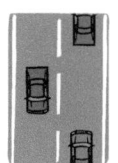

trafik

trafik

bllokim trafiku

bilkö

parkim makinash

parkeringsplats

stacion treni

tågstation

trase

räls

tren

tåg

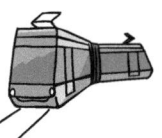

tramvaj

spårvagn

karro

vagn

helikopter

helikopter

aeroport

flygplats

kullë

torn

pasagjer

passagerare

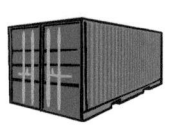

kontenier

container

kuti kartoni

kartong

qerre

vagn

shportë

korg

ngrihem / ulem

starta / landa

qytet

stad

fshat

by

qendra e qytetit

centrum

shtëpi

hus

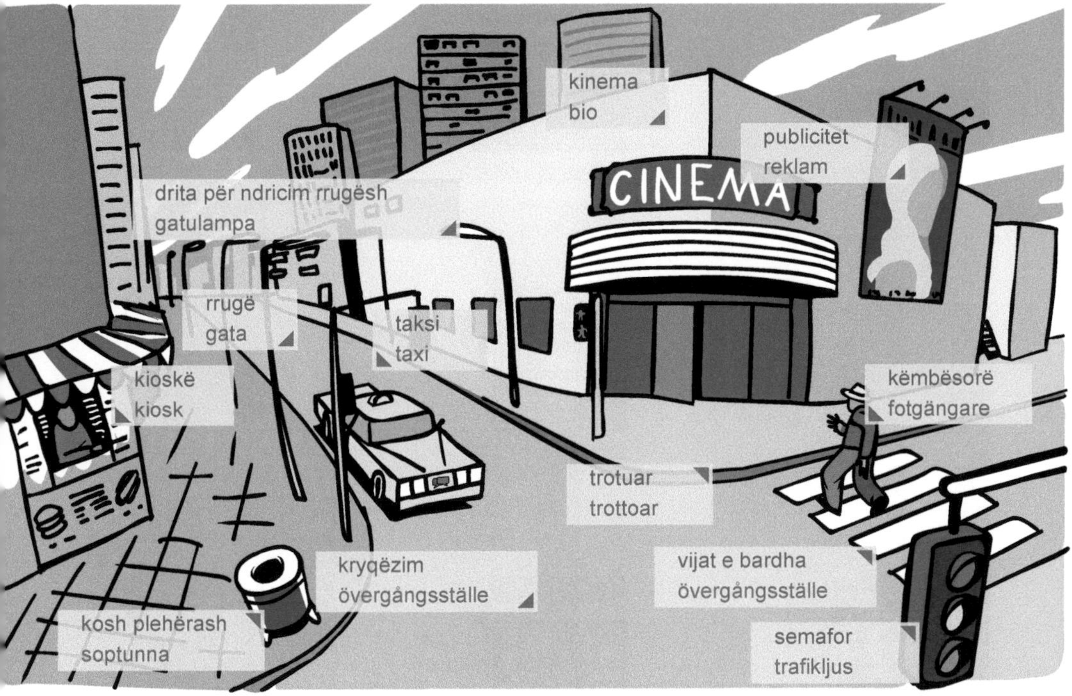

kinema
bio

publicitet
reklam

drita për ndricim rrugësh
gatulampa

CINEMA

rrugë
gata

taksi
taxi

kioskë
kiosk

këmbësorë
fotgängare

trotuar
trottoar

kryqëzim
övergångsställe

vijat e bardha
övergångsställe

kosh plehërash
soptunna

semafor
trafikljus

kasolle
stuga

apartament
lägenhet

stacion treni
tågstation

bashki
stadshus

muze
museum

shkolla
skola

universitet
universitet

bankë
bank

spital
sjukhus

hotel
hotell

farmaci
apotek

zyrë
kontor

librari
bokhandel

dyqan
affär

dyqan lulesh
blomsterbutik

supermarket
stormarknad

market
marknad

mapo
varuhus

dyqan peshku
fiskhandlare

qëndër tregtare
köpcentrum

port
hamn

park
park

stol
bänk

urë
brygga

shkallë
trappa

metro
tunnelbana

tunel
tunnel

stacion autobuzi
busshållplats

bar
bar

restorant
restaurang

kuti postare
brevlåda

sinjalistikë rrugore
gatuskylt

kohëmatës parkimi
parkeringsautomat

kopsht zoologjik
zoo

pishinë
simbassäng

xhami
moské

fermë	ndotje	varrezë
bondgård	förorening	kyrkogård

kishë	shesh lojërash	tempull
kyrka	lekplats	tempel

peisazh
landskap

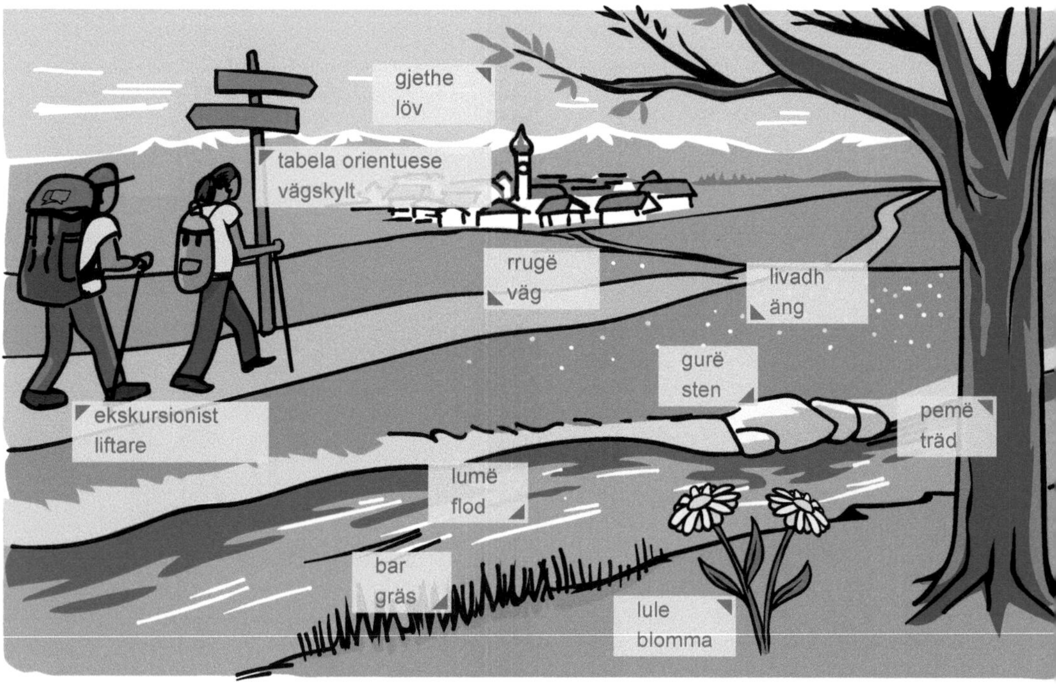

gjethe
löv

tabela orientuese
vägskylt

rrugë
väg

livadh
äng

gurë
sten

ekskursionist
liftare

pemë
träd

lumë
flod

bar
gräs

lule
blomma

luginë
dal

kodër
kulle

liqen
sjö

pyll
skog

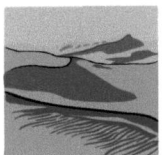

shkretëtirë
öken

vullkan
vulkan

kështjellë
slott

ylber
regnbåge

kepudhë
svamp

palmë
palm

mushkonjë
mygga

mizë
fluga

milingonë
myra

bletë
bi

merimangë
spindel

brumbull

skalbagge

bretkosë

groda

ketër

ekorre

iriq

igelkott

lepur

hare

buf

uggla

zog

fågel

mjellmë

svan

derr i egër

vildsvin

dre

rådjur

dre brilopatë

älg

digë

damm

turbinë ere

vindkraftverk

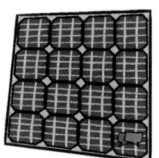

panel diellor

solcellspanel

klimë

klimat

restorant

restaurang

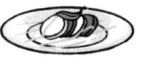

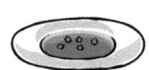

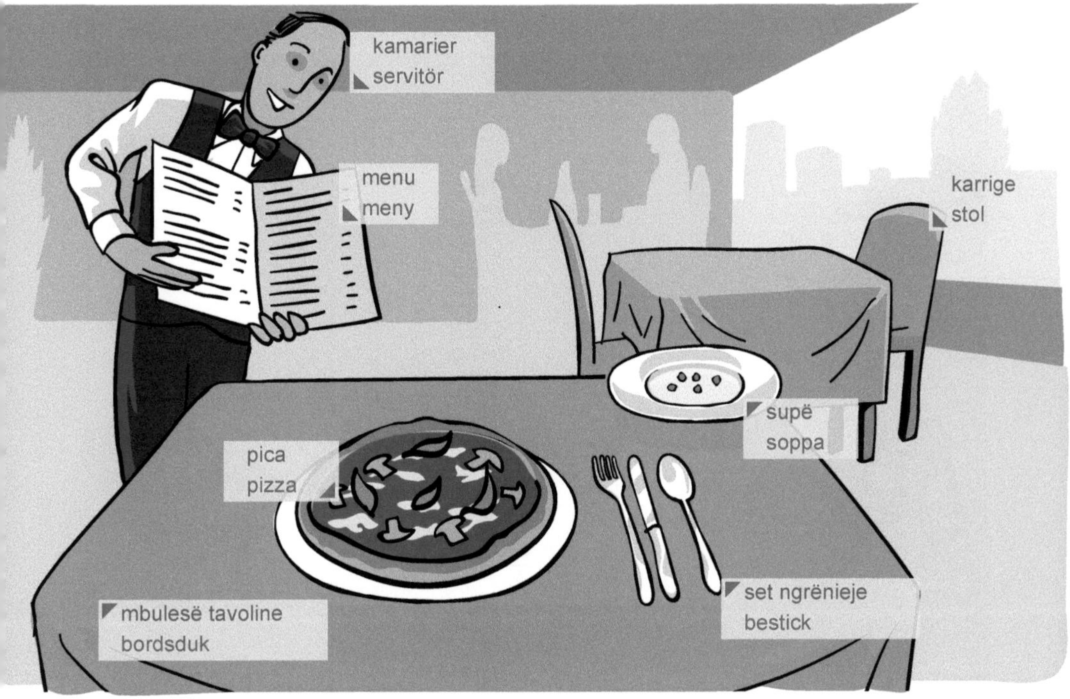
kamarier
servitör
menu
meny
karrige
stol
supë
soppa
pica
pizza
set ngrënieje
bestick
mbulesë tavoline
bordsduk

pjatë e parë

förrätt

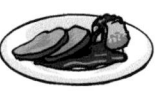

pjatë kryesore

huvudrätt

ëmbëlsirë

dessert

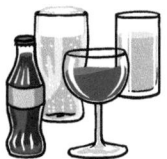

pije

drycker

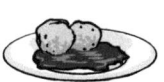

ushqim

mat

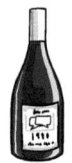

shishe

flaska

ushqim i shpejtë

snabbmat

ushqim i shërbyer në rrugë

street food

ibrik çaji

tekanna

kuti sheqeri

sockerskål

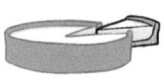

racion

portion

makinë kafeje ekspres

espressomaskin

karrige e lartë

barnstol

faturë

räkning

tabaka

bricka

thika

kniv

pirun

gaffel

lugë

sked

lugë çaji

tesked

pecetë

servett

gotë

glas

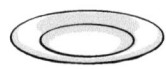

pjatë
tallrik

pjatë supe
sopptallrik

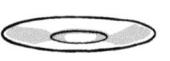

pjatë filxhani
tefat

salcë
sås

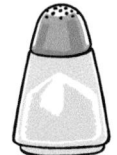

mbajtëse kripe
saltkar

mulli piperi
pepparkvarn

uthull
vinäger

vaj
olja

erëza
kryddor

keçap
ketchup

mustardë
senap

majonezë
majonnäs

supermarket
stormarknad

ofertë speciale
specialerbjudande
FOR
klient
kund
produkte bulmeti
mejeriprodukter
frut
frukt
karrocë pazari
varukorg

BUTCHERS

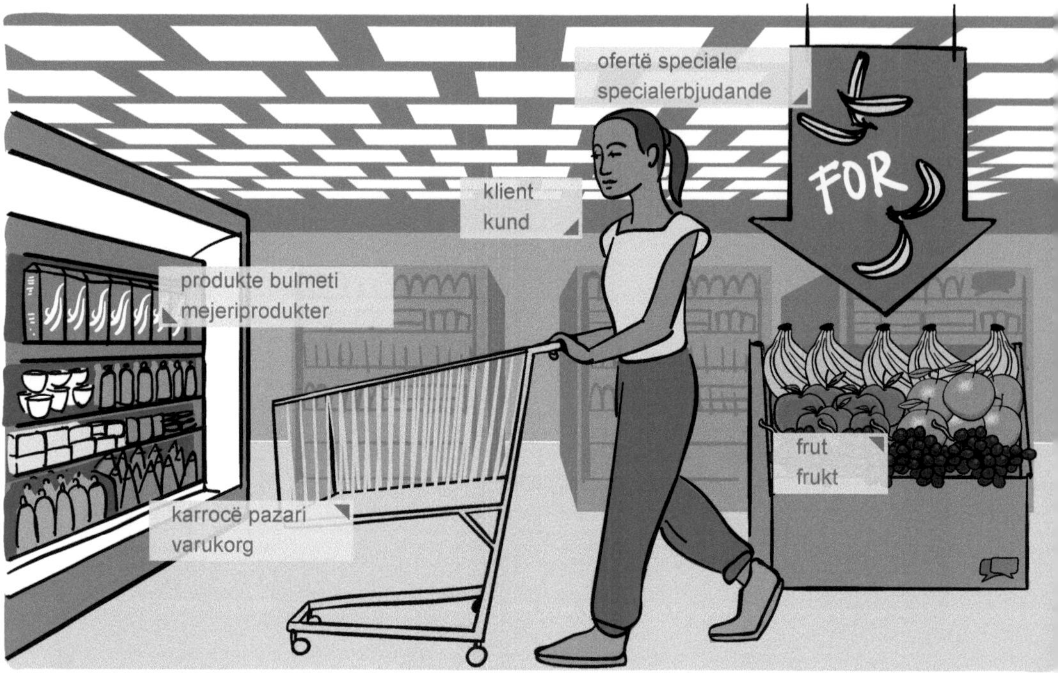

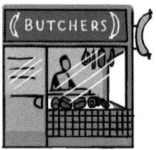

dyqan mishi

charkuteri

BAKERY

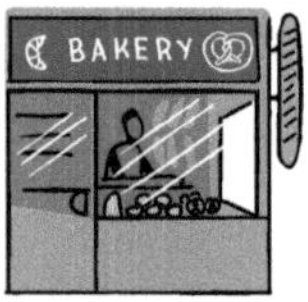

furrë buke

bageri

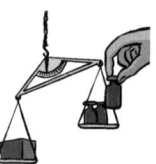

peshoj

väga

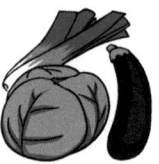

perime

grönsaker

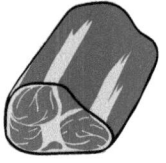

mish

kött

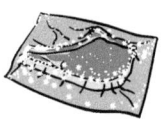

ushqim i ngrirë

frysta livsmedel

copë
pålägg

ushqim i konservuar
konserver

pluhur larës
tvättmedel

ëmbëlsirat
godis

prodhime shtëpie
hushållsprodukter

produkte pastrimi
rengöringsmedel

shitëse
försäljare

kasë fiskale
kassa

arkëtar
kassör

listë blerjeje
inköpslista

oraret e punës
öppettider

portofol
plånbok

kartë krediti
kreditkort

çantë
väska

qese plastike
plastpåse

ujë

vatten

lëng frutash

juice

qumësht

mjölk

koka-kola

cola

verë

vin

birrë

öl

alkool

alkohol

kakao

kakao

çaj

te

kafe

kaffe

kafe ekspres

espresso

kapuçino

cappuccino

banane

banan

mollë

äpple

portokalle

apelsin

pjepër

melon

limon

citron

karrotë

morot

hudhër

vitlök

bambu

bambu

qepë

lök

kërpudha

svamp

arra

nötter

makarona

nudlar

spageti

spaghetti

oriz

ris

sallatë

sallad

patate të skuqura

pommes frites

patate të skuqura

stekt potatis

pica

pizza

hamburger

hamburgare

sanduiç

smörgås

shnicel

schnitzel

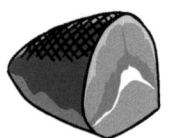

proshutë

skinka

sallam

salami

salçiçe

korv

pulë

kyckling

skuq

stek

peshk

fisk

tërshërë

havregryn

drithëra

müsli

kornfleiks

cornflakes

miell

mjöl

kruasant

croissant

panine

fralla

bukë

bröd

tost

rostat bröd

biskotë

kex

gjalp

smör

gjizë

kvarg

tortë

kaka

vezë

ägg

vezë sy

stekt ägg

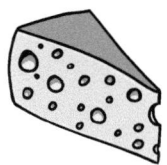

djathë

ost

akullore
glass

sheqer
socker

mjaltë
honung

marmaladë
sylt

çokokrem
nougatkräm

këri
curry

fermë
bondgård

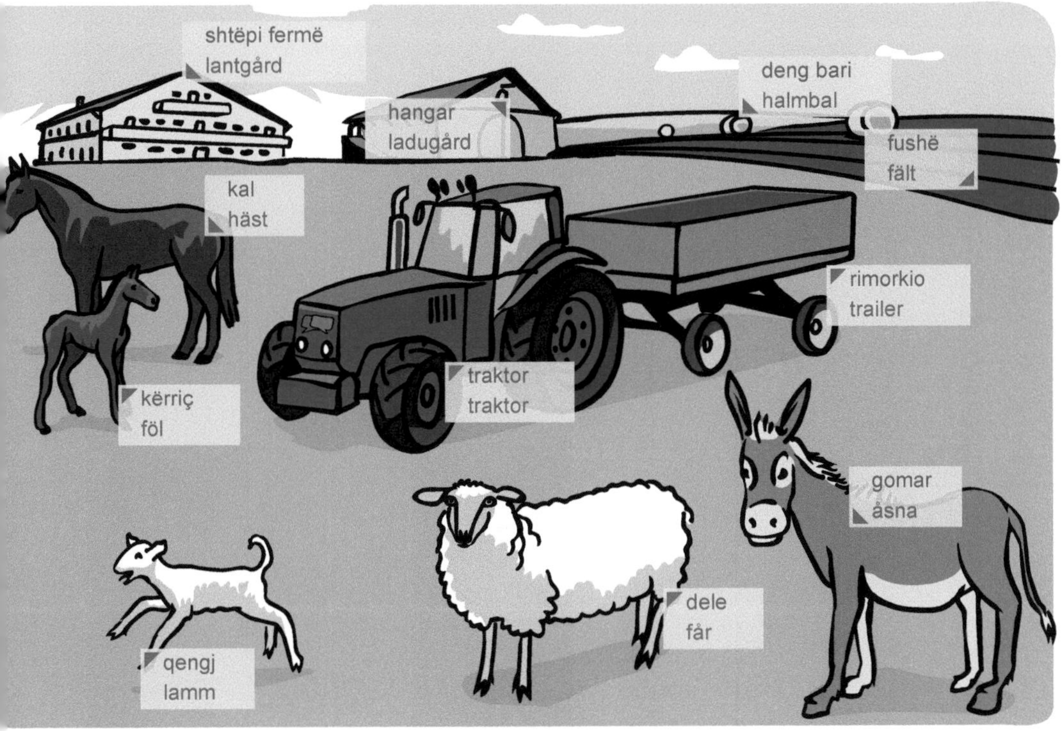
shtëpi fermë
lantgård
hangar
ladugård
deng bari
halmbal
fushë
fält
kal
häst
rimorkio
trailer
traktor
traktor
kërriç
föl
gomar
åsna
dele
får
qengj
lamm

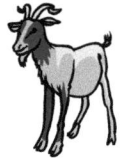

dhi

get

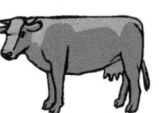

lopë

ko

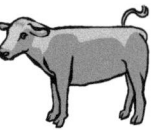

viç

kalv

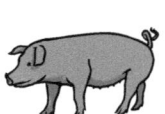

derr

gris

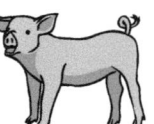

derrkuc

griskulting

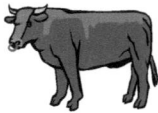

dem

tjur

patë
gås

rosë
anka

zog pule
kyckling

pulë
höna

gjel
tupp

mi
råtta

mace
katt

mi
mus

buall
oxe

qen
hund

kolibe qeni
hundkoja

zorrë vaditëse
trädgårdsslang

vaditëse
vattenkanna

kosë
lie

plug
plog

drapër

skära

shat

hacka

kosa

högaffel

sëpatë

yxa

karrocë

skottkärra

govatë

tråg

bidon qumështi

mjölkflaska

thes

säck

gardh

staket

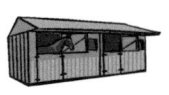

ahur

stall

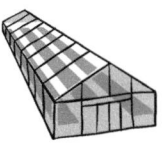

serë

växthus

dhe

jord

farë

säd

pleh

gödsel

autokombanjë

skördetröska

korr
....
skörda

te korrat
....
skörd

patate e ëmbël "Yam"
....
jams

grurë
....
vete

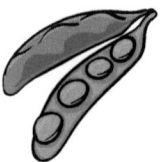

soja
....
soja

patate
....
potatis

misër
....
majs

raps
....
raps

pemë frutore
....
fruktträd

zhardhok manioku
....
maniok

drithëra
....
spannmål

oxhak
skorsten

çati
tak

shkarkues uji
stuprör

dritare
fönster

garazh
garage

zile e derës
dörrklocka

derë
dörr

kosh plehërash
soptunna

derë
dörr

kuti postare
brevlåda

kopësht
trädgård

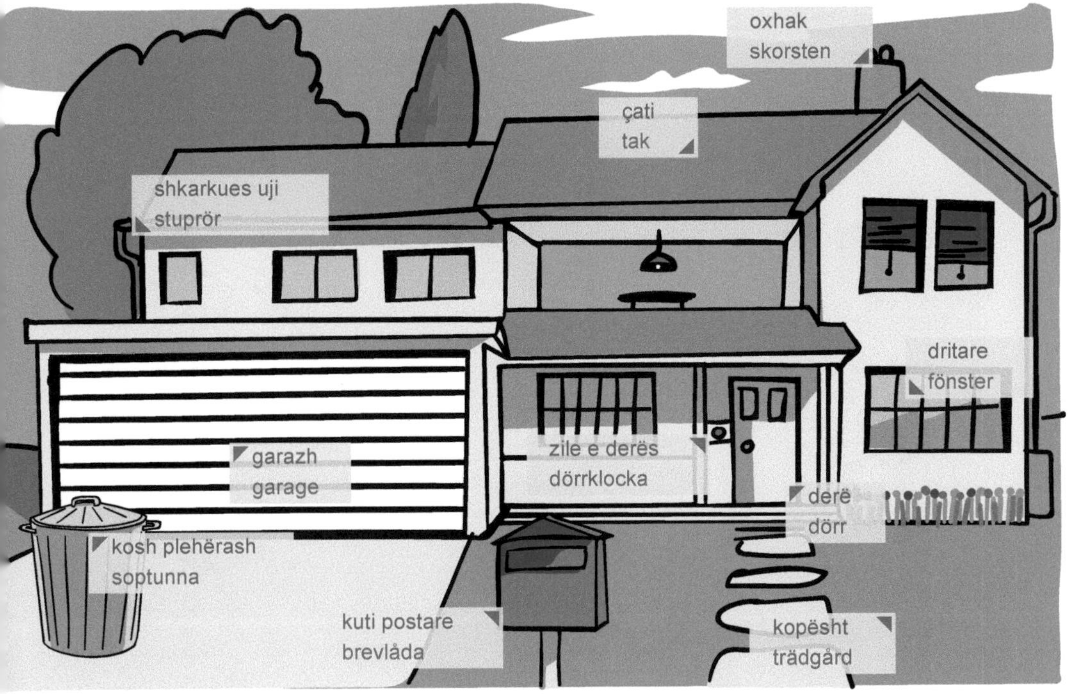

dhomë ndenjeje
....
vardagsrum

tualet
....
badrum

kuzhinë
....
kök

dhomë gjumi
....
sovrum

dhomë fëmijësh
....
barnrum

dhomë ngrënieje
....
matsal

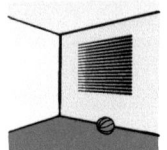

dysheme
golv

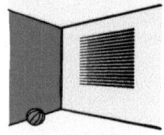

mur
vägg

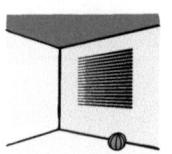

tavan
tak

bodrum
källare

sauna
bastu

ballkon
balkong

tarracë
terrass

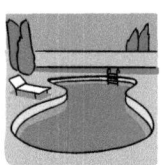

pishinë
bassäng

kositëse bari
gräsklippare

çarçaf
lakan

kuvertë
överkast

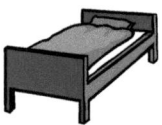

krevat
säng

fshesë dore
kvast

kovë
hink

çelës
strömbrytare

dhomë ndenjeje
vardagsrum

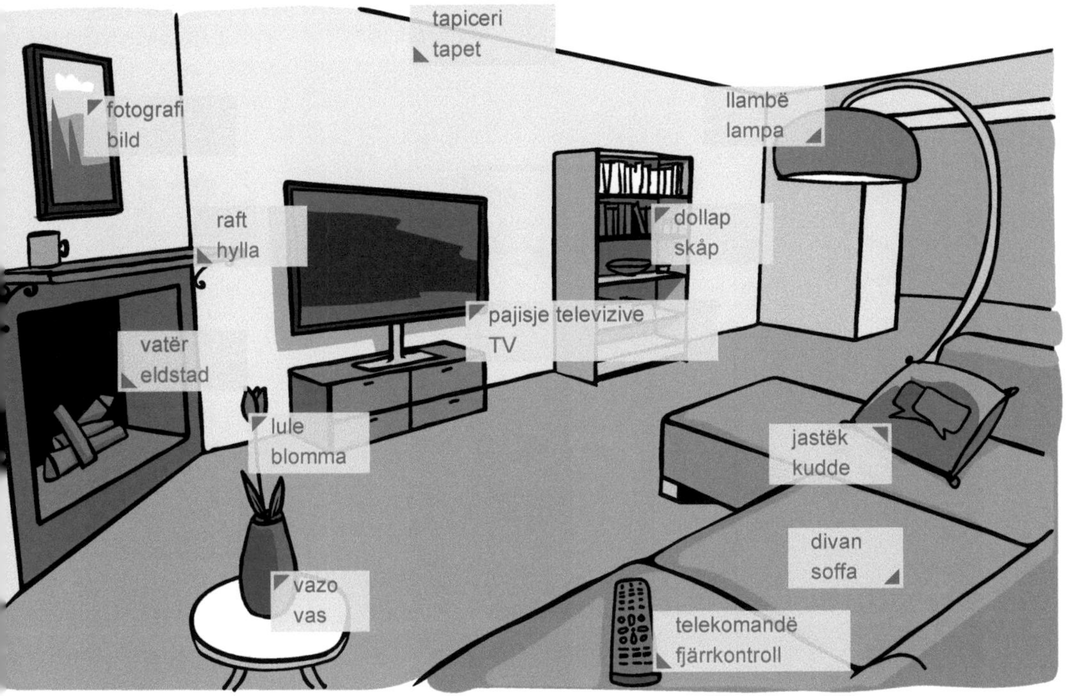

tapiceri
tapet
fotografi
bild
llambë
lampa
raft
hylla
dollap
skåp
pajisje televizive
TV
vatër
eldstad
lule
blomma
jastëk
kudde
divan
soffa
vazo
vas
telekomandë
fjärrkontroll

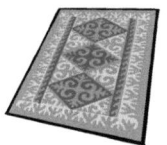

qilim
matta

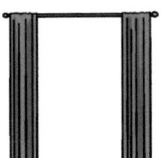

perde
gardin

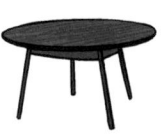

tavolinë
bord

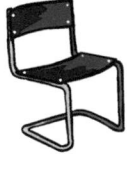

karrige
stol

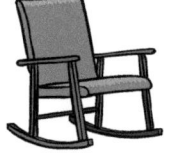

karrige lëkundëse
gungstol

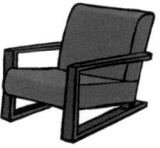

kolltuk
fåtölj

libri

bok

batanije

filt

zbukurime

dekoration

dru zjarri

vedträ

film

film

stereo

stereoanläggning

çelës

nyckel

gazetë

dagstidning

pikturë

målning

afishe

poster

radio

radio

bllok shënimesh

anteckningsbok

fshesë me korent

dammsugare

kaktus

kaktus

qiri

stearinljus

kuzhinë
kök

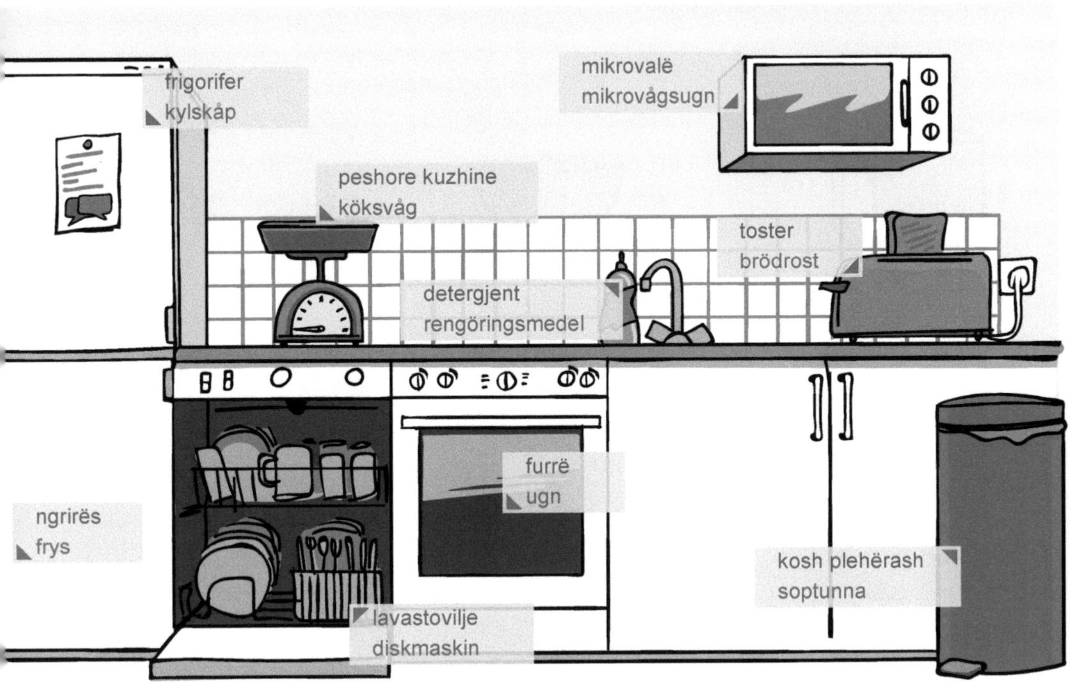
frigorifer
kylskåp
mikrovalë
mikrovågsugn
peshore kuzhine
köksvåg
toster
brödrost
detergjent
rengöringsmedel
furrë
ugn
ngrirës
frys
kosh plehërash
soptunna
lavastovilje
diskmaskin

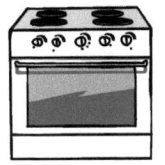

sobë

spis

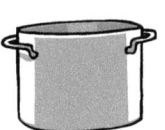

tenxhere

kastrull

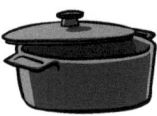

tenxhere me kapak

järngryta

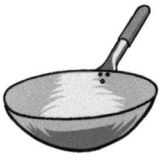

tigan special (Wok)

wok / kadai

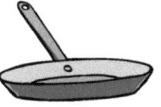

tigan

stekpanna

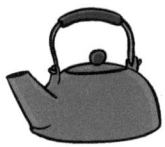

çajnik

vattenkokare

tenxhere me avull

ångkokare

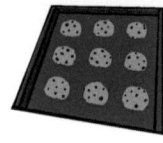

tavë pjekjeje

bakplåt

enë

porslin

filxhan

mugg

tas

skål

shkopinj

ätpinnar

garuzhde

soppslev

spatul

stekspade

tel kuzhine

visp

kulluese

durkslag

sitë

sil

rende

rivjärn

havan

mortel

skarë

grill

zjarr

brasa

dërrasë për prerje

skärbräda

okllai

kavel

heqëse tapash

korkskruv

kanaçe

burk

hapëse kanaçeje

burköppnare

rrobë për të kapur tenxheren
grytlapp

lavaman

vask

furçë

borste

sfungjer

svamp

përzjerës

mixer

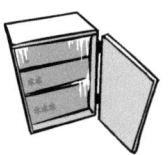

ngrirës

frys

biberon për lëngje

nappflaska

rubinet

kran

tualet

badrum

ngrohje
värme
dush
dusch
peshqirë
handduk
perde dushi
duschdraperi
vaskë me shkumë
bubbelbad
vaskë
badkar
gotë
glas
lavatriçe
tvättmaskin
rubinet
kran
pllaka
kakel
oturak
potta
lavaman
vask

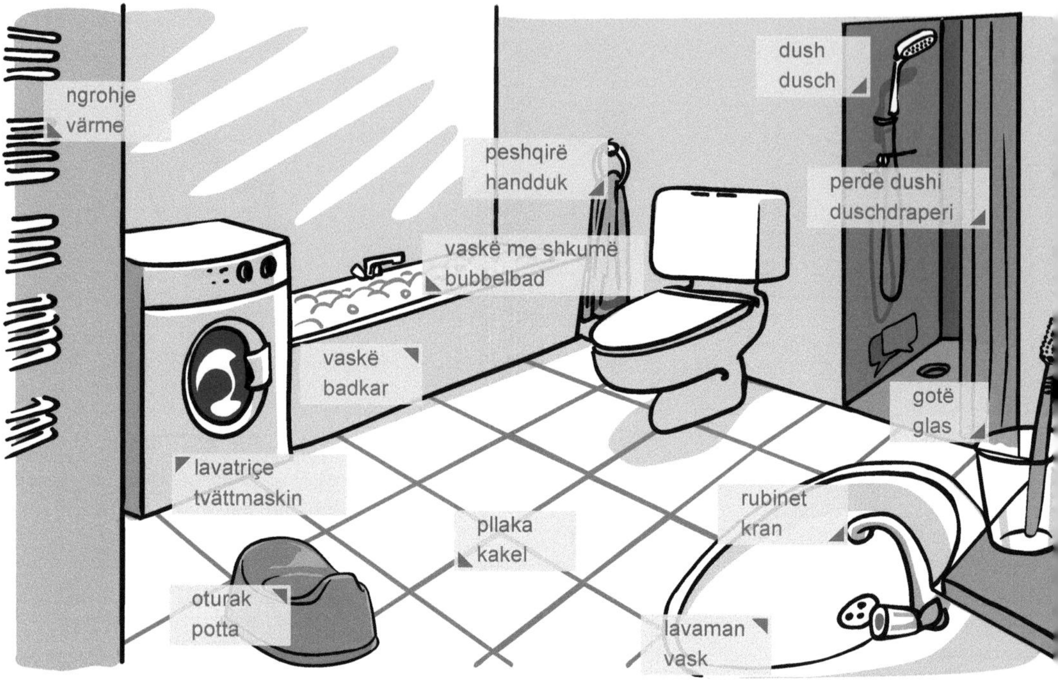

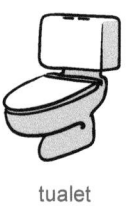

tualet
....
toalett

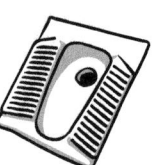

WC e sheshtë
....
låg toalett

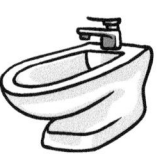

bide
....
bidet

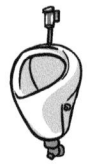

tualet publik
....
pissoar

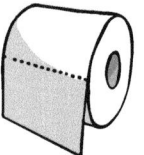

letër higjienike
....
toalettpapper

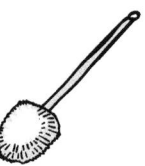

furçe për WC
....
toalettborste

furçë dhëmbësh
tandborste

pastë dhëmbësh
tandkräm

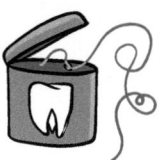

fije dentare
tandtråd

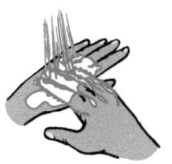

laj
tvätta

dorezë dushi
handdusch

larës për zonën intime
intimdusch

legen
handfat

furçë për masazh shpine
ryggborste

sapun
tvål

shampo trupi
duschgel

shampo
schampo

leckë pastruese
trasa

kullues
avlopp

krem
crème

antidjersë
deodorant

pasqyrë

spegel

pasqyrë dore

handspegel

brisk rroje

rakhyvel

shkumë rroje

raklödder

locion pas rrojes

rakvatten

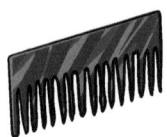

krehër

kam

furçë

borste

tharëse flokësh

hårtork

llak për flokët

hårspray

grim

smink

buzëkuq

läppstift

manikyr

nagellack

mbushje pambuku

bomullsvadd

gërshërë për thonj

nagelsax

parfum

parfym

çantë për sendet personale

necessär

Stol

pall

peshore

våg

robëdëshambër

badrock

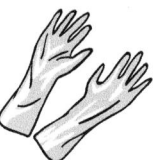

dorashka gome

gummihandskar

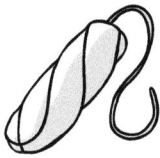

tampon

tampong

peceta higjienike

binda

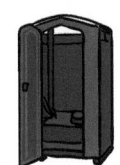

tualet I lëvizshëm

kemisk toalett

dhomë fëmijësh
barnrum

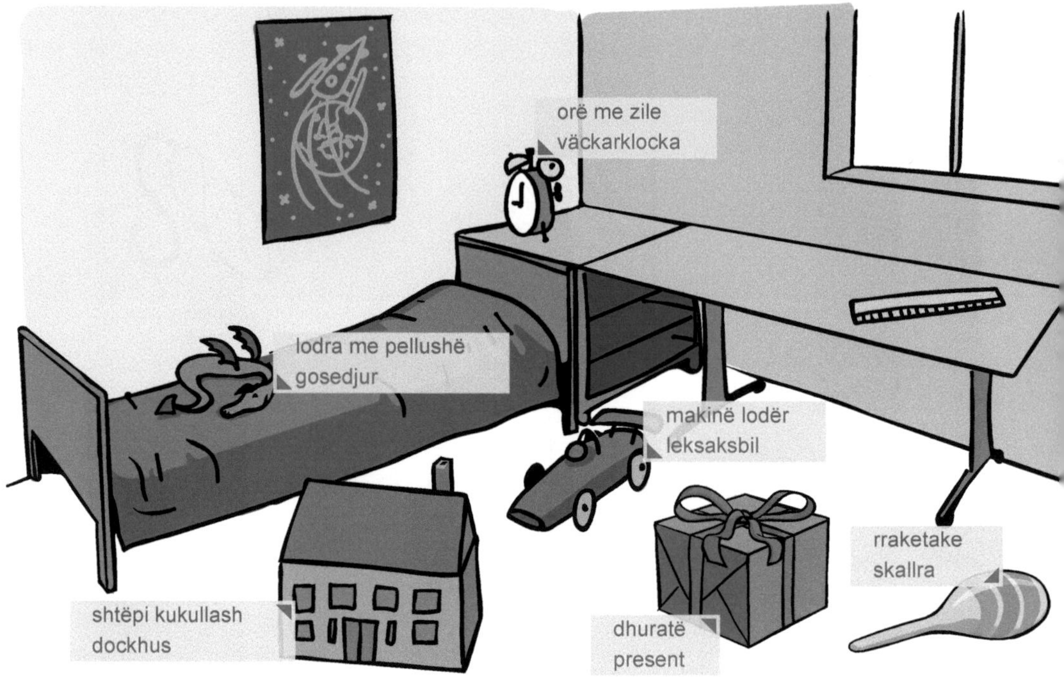
orë me zile
väckarklocka
lodra me pellushë
gosedjur
makinë lodër
leksaksbil
rraketake
skallra
shtëpi kukullash
dockhus
dhuratë
present

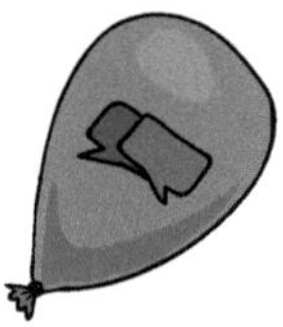

tollumbace
ballong

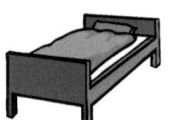

krevat
säng

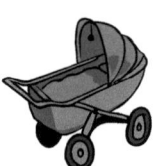

karrocë fëmijësh
barnvagn

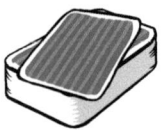

lojë me letra
kortlek

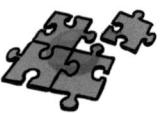

bashkim pjesësh me figura
pussel

SUPER
MEGA
komik
serietidning

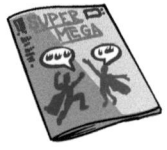

formuese lodër
....
legobitar

kuba plastikë
....
klossar

lodra
actionfigur

badi
....
sparkdräkt

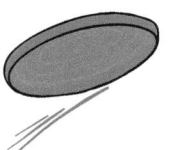

frizbi
....
frisbee

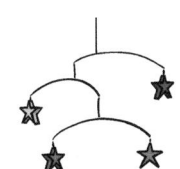

lodra të varura tek krevati i
fëmijëve
....
mobil

tavolinë lojërash
....
brädspel

zare
....
tärning

model treni
....
modelljärnväg

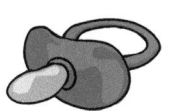

biberon
....
napp

festë
....
party

libër me ilustrime
....
bilderbok

top
....
boll

kukull
....
docka

luaj
....
spela

grumbull rëre

sandlåda

kolovarëse

gunga

lodra

leksaker

leva për lojra video

spelkonsol

triçikël

trehjuling

arush prej pellushi

nalle

garderobë

garderob

veshje
kläder

çorape

sockar

çorape të gjata

strumpor

geta

tights

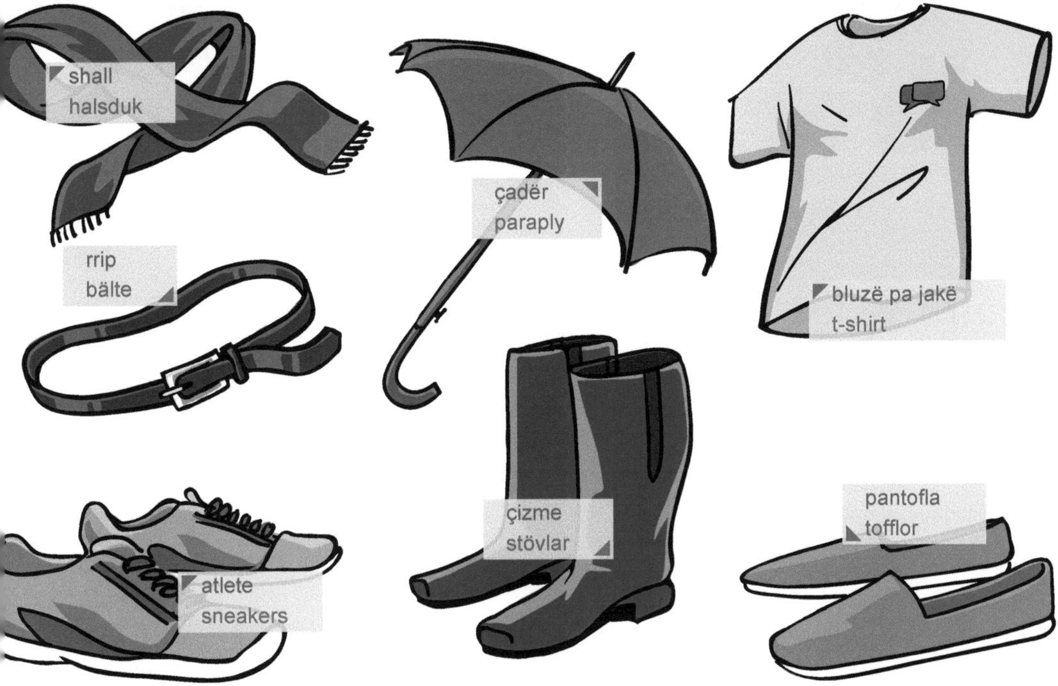

shall
halsduk

çadër
paraply

bluzë pa jakë
t-shirt

rrip
bälte

çizme
stövlar

pantofla
tofflor

atlete
sneakers

sandale
....
sandaler

këpucë
....
skor

çizme llastiku
....
gummistövlar

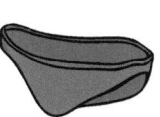

të mbathura
....
underbyxor

reçipeta
....
BH

kanotierë
....
linne

trup
body

pantallona
byxor

xhinse
jeans

fund
kjol

bluzë
blus

këmishë
skjorta

pulovër
pullover

triko
sweater

xhaketë
blazer

xhaketë
jacka

pallto
kappa

mushama shiu
regnjacka

kostum
dräkt

fustan
klänning

fustan nusërie
bröllopsklänning

kostum
kostym

këmishë nate
nattlinne

pizhama
pyjamas

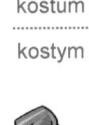

sari (veshje tradicionale
indiane)
sari

shami koke
slöja

çallmë
turban

veshje për femrat e besimit
musliman
burka

kaftan (lloj veshjeje
tradicionale)
kaftan

ferexhe
abaya

kostum banje
baddräkt

rroba banje
badbyxor

pantallona të shkurtra
shorts

tuta sporti
träningsoverall

përparëse
förkläde

dorashka
handskar

kopsë

knapp

syze

glasögon

byzylyk

armband

gjerdan

halsband

unazë

ring

vath

örhänge

kapuç

mössa

varëse për pallto

galge

kapele

hatt

kravatë

slips

zinxhir

dragkedja

helmetë

hjälm

tiranda

hängslen

uniformë shkolle

skoluniform

uniformë

uniform

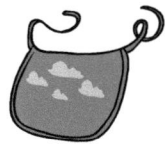

gushore

haklapp

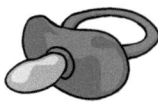

biberon

napp

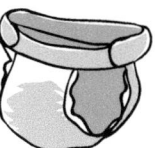

pelenë

blöja

zyrë
kontor

server
server
skedar
dokumentskåp
letër
papper
printer
skrivare
ekran
bildskärm
maus
mus
tavolinë
skrivbord
dosje
mapp
tastierë
tangentbord
kosh letrash
papperskorg
kompjuter
dator
karrige
stol

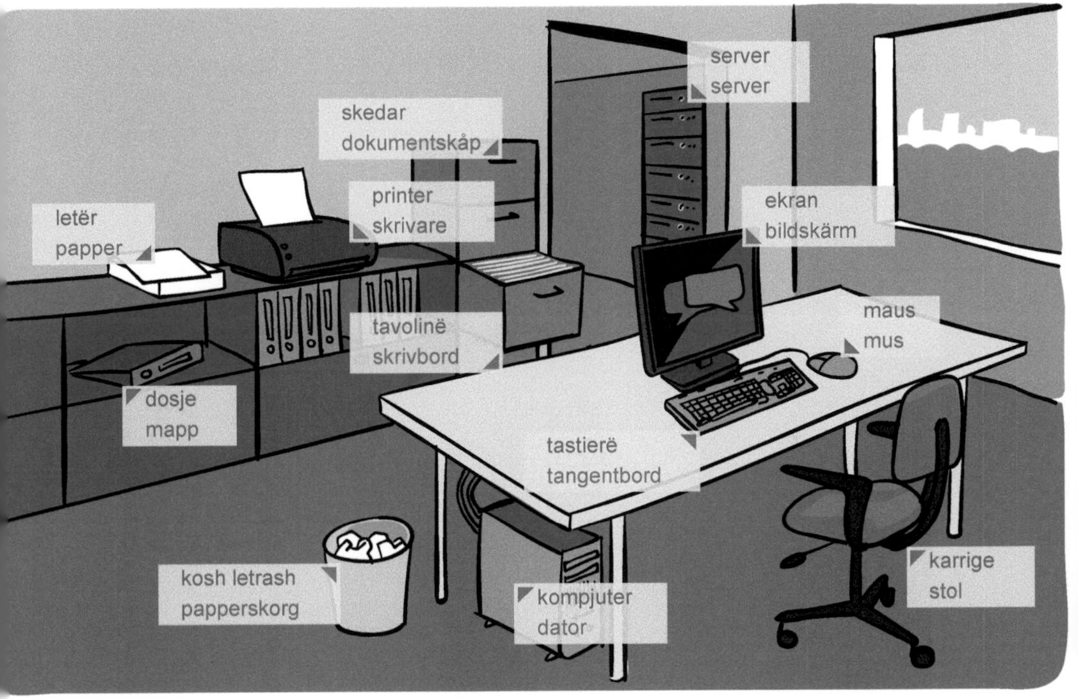

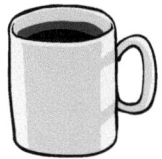

filxhan kafeje

kaffemugg

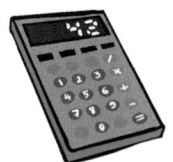

makinë llogaritëse

miniräknare

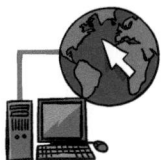

internet

internet

kompjuter portativ

bärbar dator

letër

brev

mesazh

meddelande

telefon

mobiltelefon

rrjet

nätverk

fotokopje

kopieringsapparat

program

programvara

telefon

telefon

prizë

vägguttag

pajisje faksi

fax

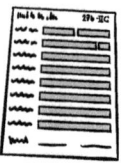

formular

blankett

dokument

dokument

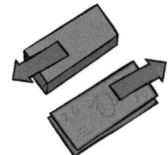

blej

köpa

paguaj

betala

tregtoj

handla

para

pengar

dollar

dollar

euro

euro

jen

yen

rubla

rubel

franga zvicerane

schweizisk franc

juani kinez

renminbi yan

rupje

rupie

bankomat

bankomat

pikë këmbimi valutor

växelkontor

ar

guld

argjend

silver

nafta

olja

energji

energi

çmim

pris

kontratë

kontrakt

taksë

skatt

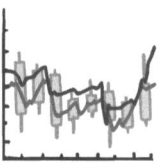

aksione

aktie

punoj

arbeta

punonjës

anställd

punëdhënës

arbetsgivare

fabrikë

fabrik

dyqan

affär

profesionet
yrken

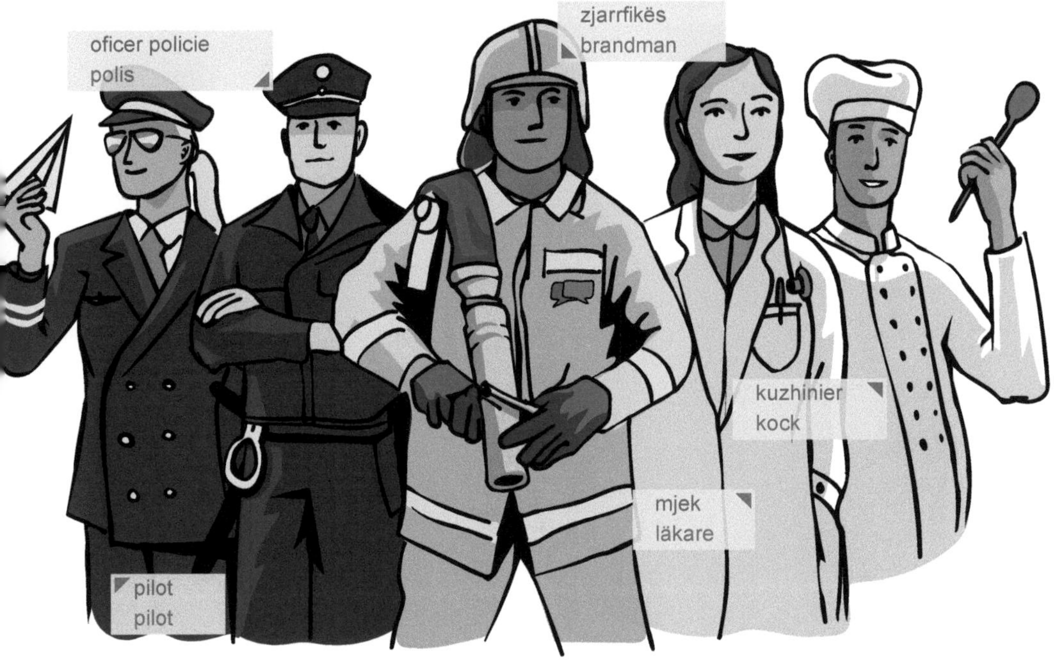
oficer policie
polis
zjarrfikës
brandman
kuzhinier
kock
mjek
läkare
pilot
pilot

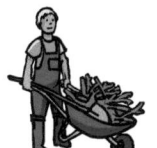

kopshtar

trädgårdsmästare

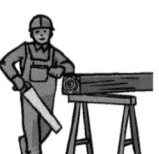

marangoz

snickare

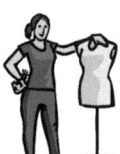

rrobaqepëse

sömmerska

gjykatës

domare

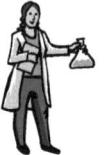

kimist

kemist

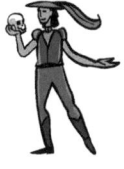

aktor

skådespelare

shofer autobuzi

busschaufför

taksist

taxichaufför

peshkatar

fiskare

pastruese

städerska

riparues çatish

takläggare

kamarier

servitör

gjuetar

jägare

piktor

målare

furrxhi

bagare

elektriçist

elektriker

ndërtues

byggarbetare

inxhinier

ingenjör

kasap

slaktare

hidraulik

rörmokare

postieri

brevbärare

ushtar

soldat

arkitekt

arkitekt

arkëtar

kassör

luleshitës

florist

berber

frisör

kontrollor

konduktör

mekanik

mekaniker

kapiten

kapten

dentist

tandläkare

shkencëtar

vetenskapsman

rabin

rabbin

imam

imam

murg

munk

klerik

präst

mjete
verktyg

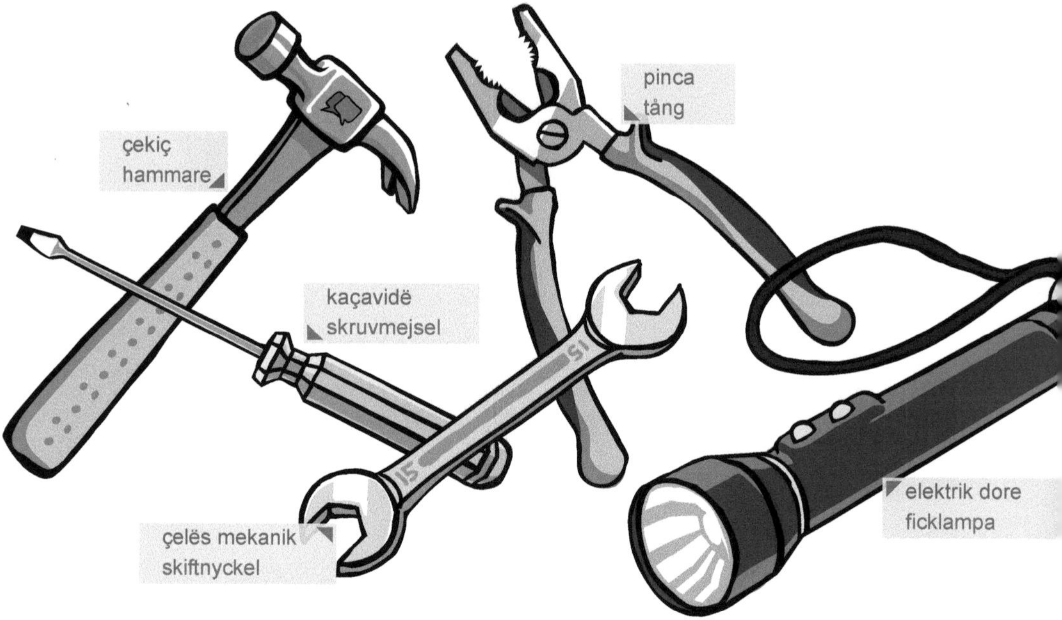

çekiç
hammare
pinca
tång
kaçavidë
skruvmejsel
çelës mekanik
skiftnyckel
elektrik dore
ficklampa

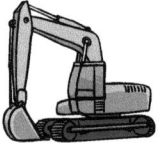

ekskavator

grävmaskin

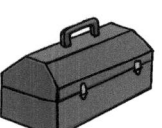

kuti veglash

verktygslåda

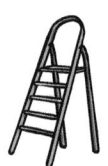

shkallë

stege

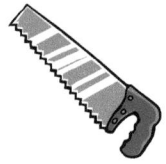

sharrë

såg

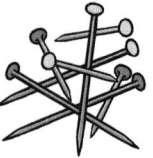

gozhdë

spik

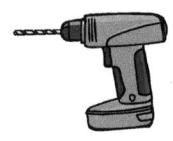

trapan

borr

riparoj	lopatë	Dreq!
reparera	spade	Helvete!

kaci	kuti boje	vidhë
sopskyffel	färgburk	skruvar

instrumenta muzikorë
musikinstrument

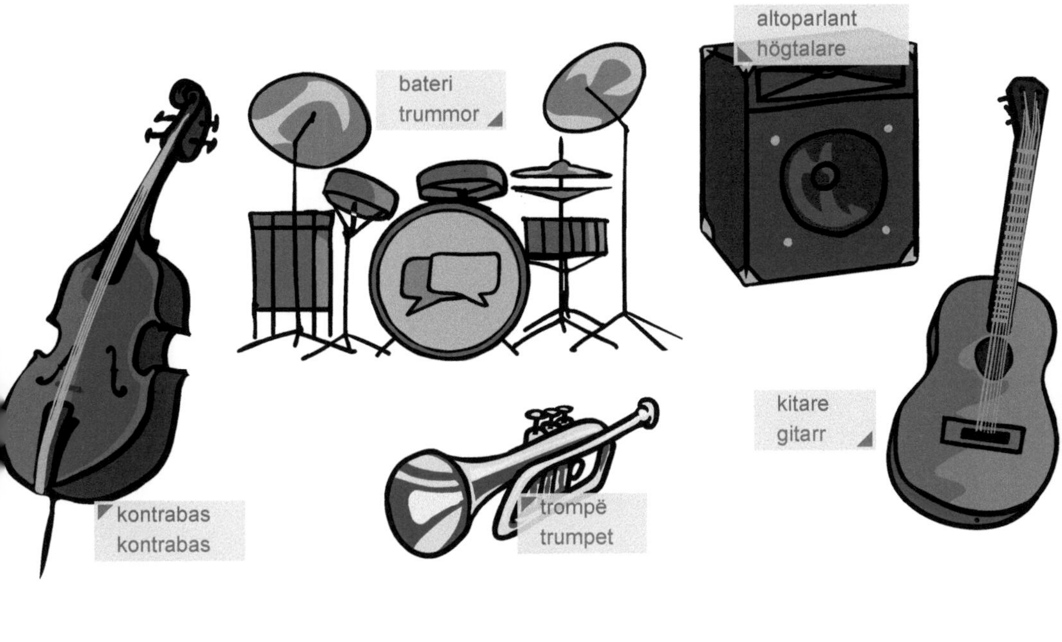

bateri
trummor

altoparlant
högtalare

kontrabas
kontrabas

trompë
trumpet

kitare
gitarr

piano

piano

violinë

violin

bas

bas

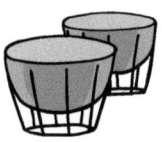

tamburë

timpani

daulle

trumma

tastierë pianoje

keyboard

saksofon

saxofon

flaut

flöjt

mikrofon

mikrofon

instrumenta muzikorë - musikinstrument

tigër
tiger

hyrje
ingång

kafaz
bur

zebër
zebra

ushqim për kafshë
djurfoder

panda
panda

kafshë
djur

elefant
elefant

kangur
känguru

rinoceront
noshörning

gorillë
gorilla

ari
björn

deve

kamel

struc

struts

luan

lejon

majmun

apa

flamingo

flamingo

papagall

papegoja

ari polar

isbjörn

pinguin

pingvin

peshkaqen

haj

pallua

påfågel

gjarpër

orm

krokodil

krokodil

punonjës i kopshtit zoologjik

djurskötare

fokë

säl

xhaguar

jaguar

kopsht zoologjik - zoo

poni

ponny

leopard

leopard

hipopotam

flodhäst

gjirafë

giraff

shqiponjë

örn

derr i egër

vildsvin

peshk

fisk

breshkë

sköldpadda

lopë deti

valross

dhelpër

räv

gazelë

gazell

futboll amerikan
amerikansk fotboll

çiklizëm
cykling

tenis
tennis

basketboll
basket

not
simning

boks
boxning

hokej mbi akull
ishockey

futboll
fotboll

badminton
badminton

atletikë
friidrott

hendboll
handboll

ski
skidåkning

polo
polo

qesh
skratta

hidhem
hoppa

përqafoj
krama

eci
gå

këndoj
sjunga

ëndërroj
drömma

lutem
be

puth
kyssa

shkruaj

skriva

vizatoj

rita

tregoj

visa

shtyj

skjuta

jap

ge

marr

ta

kam

hagel

bëj

göra

jam

vara

qëndroj

stå

vrapoj

springa

tërheq

dra

hedh

kasta

bie

falla

shtrihem

ligga

pres

vänta

mbaj

bära

ulem

sitta

vishem

klä på

fle

sova

zgjohem

vakna

shikoj
se på

qaj
gråta

përkëdhel
smeka

kreh
kamma

bisedoj
prata

kuptoj
förstå

kërkoj
fråga

dëgjoj
höra

pi
dricka

ha
äta

sistemoj
städa

dashuroj
älska

gatuaj
laga mat

drejtoj makinën
köra

fluturoj
flyga

aktivitet - aktiviteter

65

lundroj
segla

llogaris
räkna

lexoj
läsa

mësoj
lära sig

punoj
arbeta

martohem
gifta sig

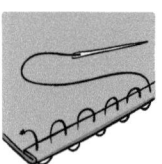

qep
sy

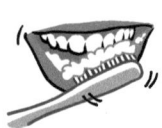

laj dhëmbët
borsta tänderna

vras
döda

tymos
röka

dërgoj
skicka

gjyshe
normor/farmor

gjysh
morfar/farfar

baba
pappa

nënë
mamma

bebe
baby

vajzë
dotter

djalë
son

mysafir

gäst

teze, hallë

moster/faster

dajë, xhaxha

farbror/morbror

vëlla

bror

motër

syster

trupi
kropp

balli
panna
syri
öga
shpatulla
skuldra
gishti
finger
fytyra
ansikte
mjekra
haka
dora
hand
kërbma
ben
krahërori
bröst
krahu
arm

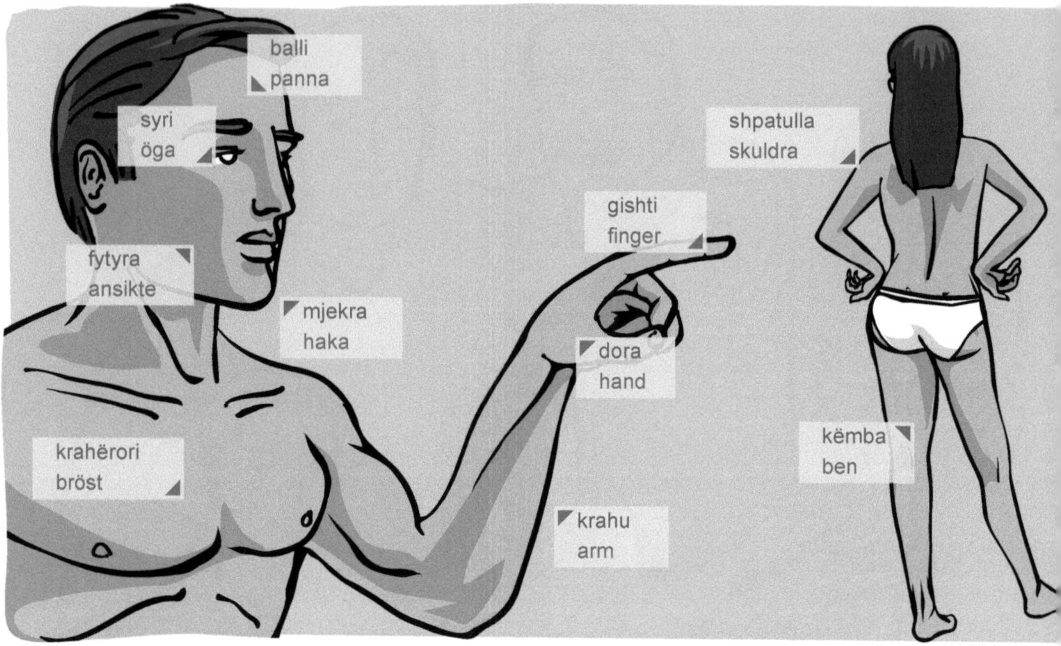

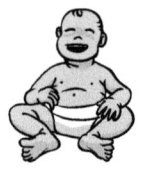

bebe
baby

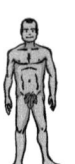

burrë
man

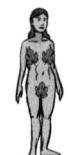

grua
kvinna

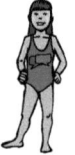

vajzë
flicka

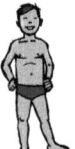

djalë
pojke

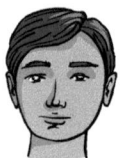

koka
huvud

shpina
rygg

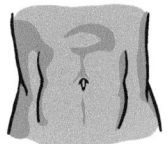

barku
mage

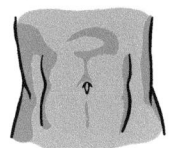

kërthiza
navel

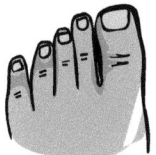

gisht këmbe
tå

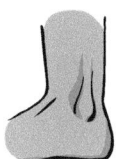

Thembra
häl

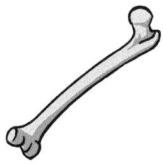

kockë
ben

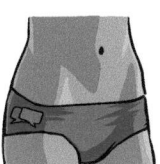

legeni
höft

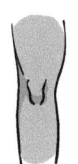

gjuri
knä

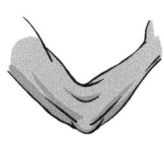

bërryli
armbåge

hunda
näsa

vithe
stjärt

lëkura
hud

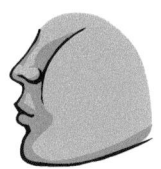

faqja
kind

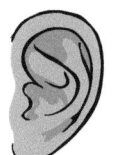

veshi
öra

buza
läpp

trupi - kropp

goja

mun

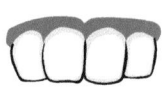

dhëmbët

tand

gjuha

tunga

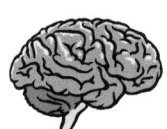

truri

hjärna

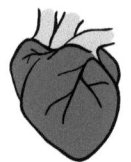

zemra

hjärta

muskul

muskel

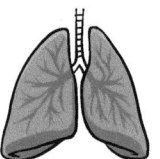

mushkëria

lunga

mëlçia

lever

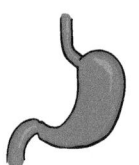

stomaku

magsäck

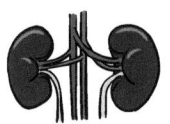

veshka

njurar

seks

sex

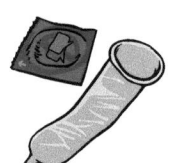

prezervativ

kondom

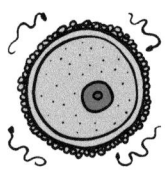

veza

äggcell

sperma

sperma

shtatëzani

graviditet

trupi - kropp

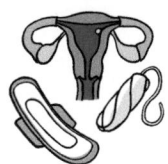

menstruacione
menstruation

vagina
vagina

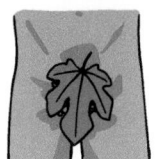

penis
penis

vetulla
ögonbryn

flokët
hår

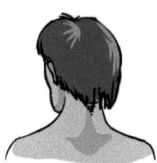

qafa
nacke

spital

sjukhus

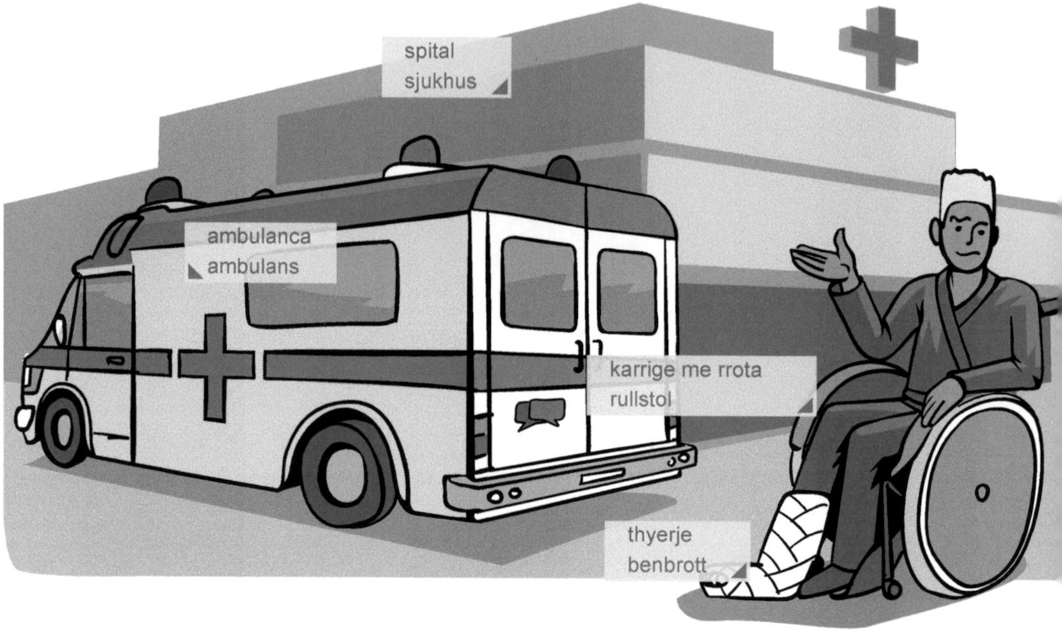

spital
sjukhus
ambulanca
ambulans
karrige me rrota
rullstol
thyerje
benbrott

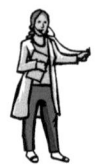

mjek

läkare

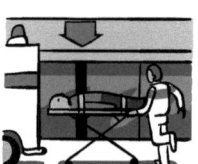

sallë urgjencash

akutmottagning

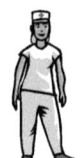

infermiere

sjuksköterska

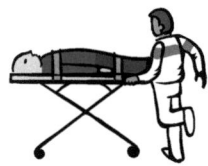

emergjencë

nödsituation

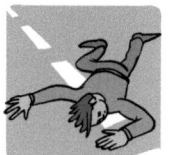

i pandërgjegjshëm

medvetslös

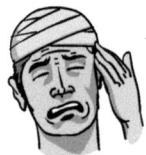

dhimbje

smärta

dëmtim

skada

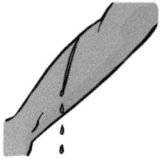

gjakosje

blödning

infarkt

hjärtattack

goditje

slaganfall

alergji

allergi

kolla

hosta

ethe

feber

grip

influensa

diarre

diarré

dhimbje koke

huvudvärk

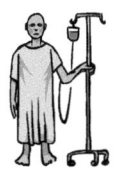

kancer

cancer

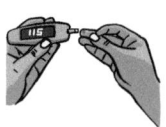

diabet

diabetes

kirurg

kirurg

bisturi

skalpell

operacion

operation

CT (skaner)
CT

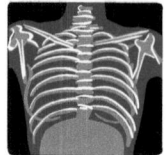

radiografi
röntgen

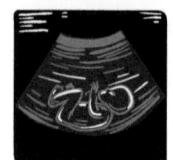

ultratingull
ultraljud

maskë fytyre
ansiktsmask

sëmundje
sjukdom

dhomë pritjeje
väntsal

paterica
krycka

leukoplast
plåster

fasho
bandage

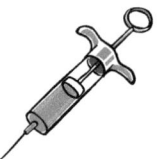

injeksion
injektion

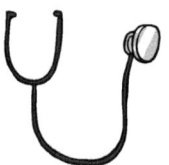

stetoskop
stetoskop

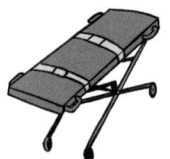

barelë
bår

termometër
termometer

lindje
födsel

mbipeshë
övervikt

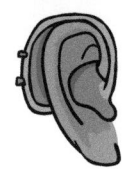

aparat dëgjimi

hörapparat

dezinfektant

desinfektionsmedel

infeksion

infektion

virus

virus

HIV / AIDS

HIV / AIDS

mjekësi, mjekim

medicin

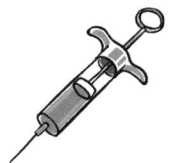

vaksinim

vaccination

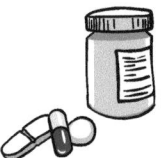

tableta

tabletter

pilulë

p-piller

telefonatë emergjence

nödsamtal

aparat tensioni

blodtrycksmätare

i sëmurë / i shëndetshëm

sjuk / frisk

Ndihmë!

Hjälp!

alarm

alarm

sulm

överfall

atak

misshandel

rrezik

fara

dalje emergjence

nödutgång

Zjarr!

Det brinner!

fikëse zjarri

brandsläckare

aksident

olycka

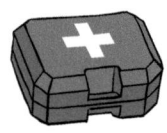

kuti e ndimës së shpejtë

förbandslåda

SOS

SOS

policia

polis

Europa

Europa

Amerika e Veriut

Nordamerika

Amerika e Jugut

Sydamerika

Afrika

Afrika

Azia

Asien

Australia

Australien

Atlantiku

Atlanten

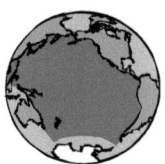

Paqësori

Stilla Havet

Oqeani Indian

Indiska Oceanen

Oqeani Antarktik

Antarktiska Oceanen

Oqeani Arktik

Arktiska Oceanen

Poli i veriut

Nordpol

Poli i Jugut

Sydpol

Antarktida

Antarktis

toka

Jorden

tokë

land

det

hav

ishull

ö

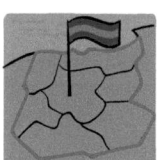

komb

nation

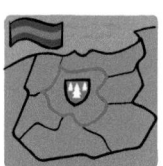

shtet

stat

fusha e orës

urtavla

akrepi i orës

timvisare

akrepi i minutave

minutvisare

akrepi i sekondave

sekundvisare

Sa është ora?

Vad är klockan?

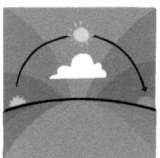

ditë

dag

kohë

tid

tani

nu

orë dixhitale

digital klocka

minutë

minut

orë

timme

javë
vecka

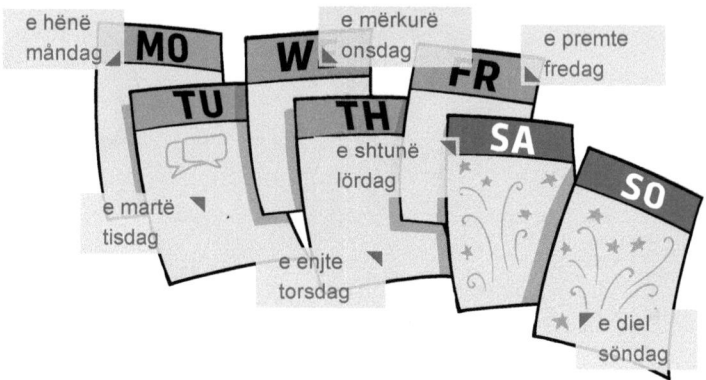

e hënë
måndag

e mërkurë
onsdag

e premte
fredag

e martë
tisdag

e shtunë
lördag

e enjte
torsdag

e diel
söndag

dje

igår

sot

idag

nesër

imorgon

mëngjes

morgon

mesditë

middag

mbrëmje

kväll

ditë pune

vardagar

fundjavë

helg

vit

år

shi
regn
ylber
regnbåge
erë
vind
borë
snö
pranverë
vår
verë
sommar
vjeshtë
höst
dimër
vinter

4.APRIL 11°
5.APRIL 4°
6.APRIL 13°
7.APRIL 8°
8.APRIL 10°

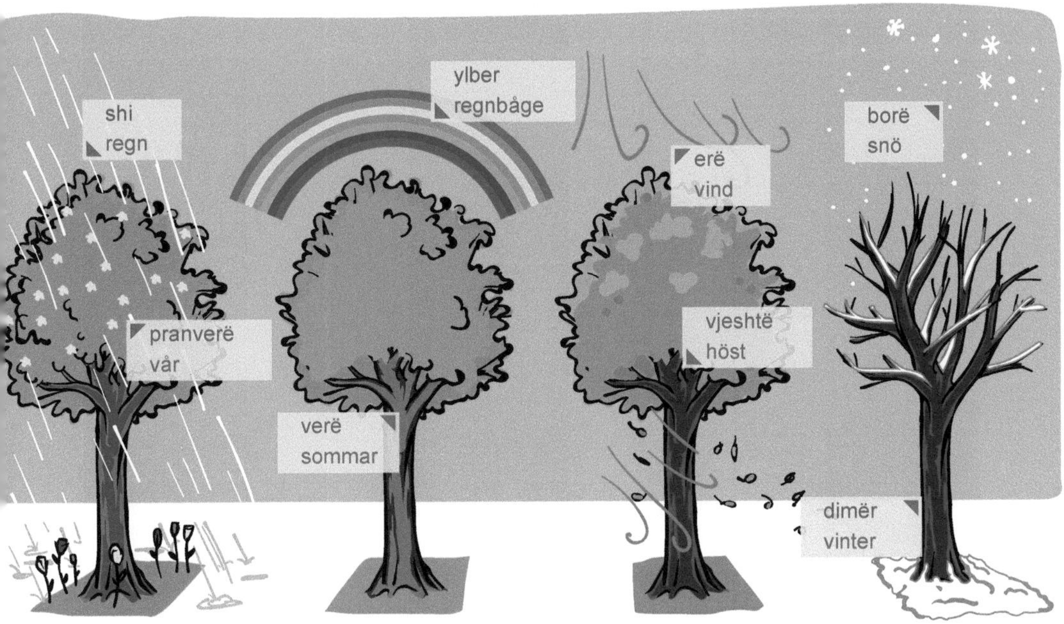

parashikimi i motit

väderprognos

F
C
120
90
60
30
0
-30
40
30
20
10
0
-10
-20

termometër

termometer

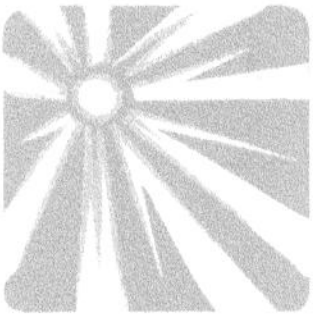

ndriçim dielli

solsken

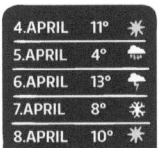

re

moln

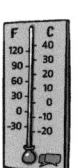

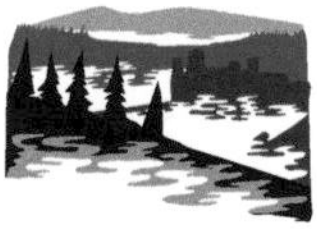

mjegull

dimma

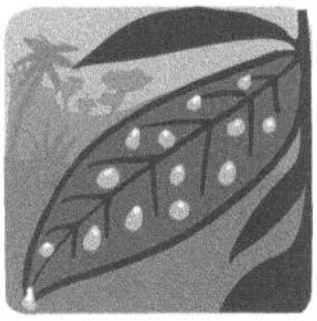

lagështi

luftfuktighet

vetëtima

blixt

gjëmim

åska

stuhi

storm

breshër

hagel

muson

monsun

përmbytje

översvämning

akull

is

janar

januari

shkurt

februari

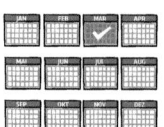

mars

mars

prill

april

maj

maj

qershor

juni

korrik

juli

gusht

augusti

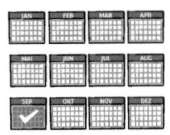

shtator

september

tetor

oktober

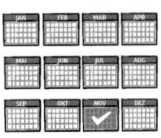

nëntor

november

dhjetor

december

forma
former

rreth

cirkel

katror

kvadrat

drejtkëndësh

rektangel

trekëndësh

triangel

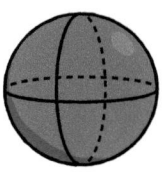

sferë

sfär

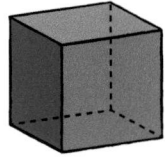

kub

kub

ngjyra
färger

e bardhë

vit

e verdhë

gul

portokalli

orange

rozë

rosa

e kuqe

röd

vjollcë

lila

blu

blå

e gjelbër

grön

kafe

brun

gri

grå

e zezë

svart

shumë / pak

mycket / lite

i nevrikosur / i qetë

arg / lugn

i bukur / i shëmtuar

vacker / ful

fillim / fund

början / slut

i madh / i vogël

stor / liten

i ndritshëm / i errët

ljus / mörk

vëlla / motër

bror / syster

e pastër / e pistë

ren / smutsig

e plotë / jo e plotë

komplett / ofullständig

ditë / natë

dag / natt

gjallë / vdekur

död / levande

i gjerë / i ngushtë

bred / smal

i ngrënshëm / i
pangrënshëm
ätlig / oätlig

i keq / i këndshëm
ond / god

i lumtur / i mërzitur
upphetsad / uttråkad

i shëndoshë / i dobët
tjock / smal

e para / e fundit
först / sist

mik / armik
vän / fiende

plot / bosh
full / tom

e fortë / e butë
hård / mjuk

e rëndë / e lehtë
tung / lätt

uri / etje
hunger / törst

i sëmurë / i shëndetshëm
sjuk / frisk

e paligjshme / e ligjshme
olaglig / laglig

i zgjuar / budalla
intelligent / dum

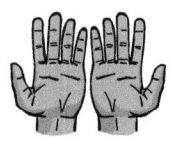

majtas / djathtas
vänster / höger

afër / larg
nära / långt bort

e re / e përdorur

ny / begagnad

asgjë / diçka

inget / något

i moshuar / i ri

gammal / ung

ndezur / fikur

på / av

hapur / mbyllur

öppen / stängd

i qetë / i zhurmshëm

tyst / högljudd

i pasur / i varfër

rik / fattig

e drejtë / e gabuar

rätt / fel

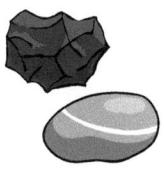

i ashpër / i butë

grov / slät

i mërzitur / i lumtur

ledsen / glad

i shkurtër / i gjatë

kort / lång

ngadalë / shpejt

långsam / snabb

i lagësht / i thatë

våt / torr

ngrohtë / freskët

varm / sval

luftë / paqe

krig / fred

0

zero

noll

1

një

ett

2

dy

två

3

tre

tre

4

katër

fyra

5

pesë

fem

6

gjashtë

sex

7

shtatë

sju

8

tetë

åtta

9

nentë

nio

10

dhjetë

tio

11

njëmbëdhjetë

elva

12

dymbëdhjetë

tolv

13

trembëdhjetë

tretton

14

katërmbëdhjetë

fjorton

15

pesëmbëdhjetë

femton

16

gjashtëmbëdhjetë

sexton

17

shtatëmbëdhjetë

sjutton

18

tetëmbëdhjetë

arton

19

nentëmbëdhjetë

nitton

20

njëzetë

tjugo

100

qind

hundra

1.000

mijë

tusen

1.000.000

milion

miljon

anglisht

engelska

anglishte amerikane

amerikansk engelska

kinezisht mandarin

kinesisk mandarin

hindi

hindi

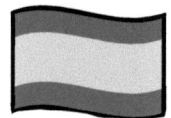

spanjisht

spanska

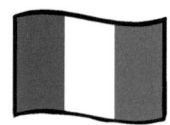

frëngjisht

franska

arabisht

arabiska

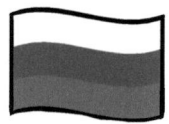

rusisht

ryska

portugalisht

portugisiska

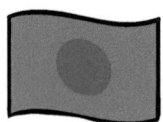

bengalisht

bengali

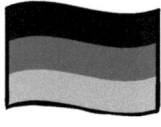

gjermanisht

tyska

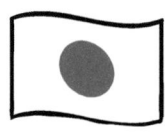

japonisht

japanska

unë
....
jag

ti
....
du

ai / ajo
....
han / hon / den (det)

ne
....
vi

ju
....
ni

ata
....
de

kush?
....
vem?

çfarë?
....
vad?

si?
....
hur?

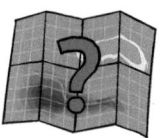

ku?
....
var?

kur?
....
när?

emër
....
namn

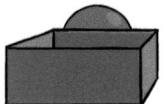

pas

bakom

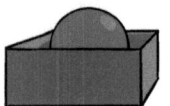

në

i

përballë

framför

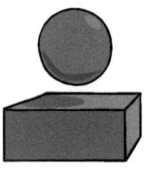

sipër

över

mbi

på

poshtë

under

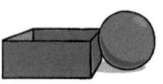

pranë

bredvid

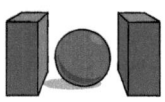

midis

mellan

vend

plats